اسکول - shule 2
سفر - usafiri 5
نقل وحمل - usafiri 8
شہر - jiji 10
منظر - mazingira 14
ریسٹورنٹ - mgahawa 17
سُپرمارکیٹ - dukakuu 20
مشروبات - vinywaji 22
کھانے کی اشیاء - chakula 23
کھیت - shamba 27
مکان - nyumba 31
لوونگ روم - sebuleni 33
باورچی خانہ - jikoni 35
غُسل خانہ - bafu 38
بچوں کا کمرہ - chumba ya mtoto 42
لباس - nguo 44
دفتر - ofisi 49
معیشت - uchumi 51
پیشے - kazi 53
اوزار - zana 56
آلات موسیقی - ala za muziki 57
چڑیا گھر - bustani ya wanyama 59
کھیلیں - michezo 62
سرگرمیاں - shughuli 63
خاندان - familia 67
جسم - mwili 68
ہسپتال - hospitali 72
ہنگامی صورتحال - dharura 76
زمین - dunia 77
کلاک - saa 79
ہفتہ - wiki 80
سال - mwaka 81
اشکال - maumbo 83
رنگ - rangi 84
مخالف - kinyume 85
اعداد - nambari 88
زبانیں - lugha 90
کون / کیا / کیسے - ambao / nini / jinsi 91
کہاں - wapi 92

Impressum
Verlag: BABADADA GmbH, Nedderfeld 112 , 22529 Hamburg
Geschäftsführer / Verlagsleitung: Harald Hof
Druck: Books on Demand GmbH, In de Tarpen 42, 22848 Norderstedt

Imprint
Publisher: BABADADA GmbH, Nedderfeld 112 , 22529 Hamburg, Germany
Managing Director / Publishing direction: Harald Hof
Print: Books on Demand GmbH, In de Tarpen 42, 22848 Norderstedt

1

کمرہ جماعت
sajili

تقسیم کریں
kugawanya

186/2

بورڈ
ubao

سکول کا صحن
eneo la shule

استاد
mwalimu

کاغذ
karatasi

قلم
kalamu

لکھنا
kuandika

میز
dawati

پیمانہ
rula

کتاب
kitabu

شاگرد
mwanafunzi

بستہ
mkoba

پینسل کیس
kikasha cha penseli

پینسل
penseli

پینسل شارپنر
kichonga penseli

ربڑ
mpira

ڈرائنگ پیڈ
pedi ya kuchora

ڈرائنگ

uchoraji

پینٹ برش

brashi ya rangi

پینٹ باکس

sanduku la rangi

قینچی

mkasi

گوند

gundi

مشق کی کاپی

daftari

ہوم ورک

kazi ya nyumbani

12

ہندسہ

nambari

2+2

جمع کریں

jumlisha

5-2

منفی کریں

ondoa

2×2

ضرب دیں

zidisha

شمارکریں

kokotoa

A

خط

barua

ABCDEFG
HIJKLMN
OPQRSTU
VWXYZ

حروف تہجی

alfabeti

hello

لفظ

neno

متن

maandishi

پڑھنا

kusoma

چاک

chaki

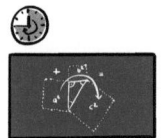

سبق

somo

اندراج

sajili

امتحان

uchunguzi

سند

cheti

سکول یونیفارم

sare za shule

تعلیم

elimu

انسائیکلوپیڈیا

elezo

یونیورسٹی

chuo kikuu

خورد بین

darubini

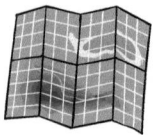

نقشہ

ramani

ویسٹ پیپر باسکٹ

kikapu cha kuweka karatasi
chafu

سفر
usafiri

hoteli
hosteli
رقم تبدیل کرانےکیلئےدفتر
ofisi ya ubadilishanaji
سوٹ کیس
sanduku
کار
gari

زبان
lugha

ہاں / نہیں
ndiyo / la

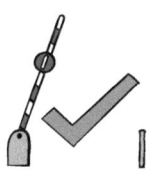

ٹھیک ہے
sawa

ہیلو
hujambo

مُترجم
mtafsiri

شُکریہ
Asante

۔۔۔ کی کیا قیمت ہے؟

kiasi gani ni ...?

میں نہیں سمجھتا

Sielewi

مشکل

tatizo

شام بخیر!

Jioni njema!

صبح بخیر!

Habari za asubuhi!

شب بخیر!

Usiku mwema!

الوداع

kwa heri

سمت

mwelekeo

سفری سامان

mizigo

بیگ

mfuko

بیگ پیک

shanta

مہمان

mgeni

کمرہ

chumba

سلیپنگ بیگ

begi la kulalia

ٹینٹ

hema

سياحوں کے لئے معلومات

taarifa ya utalii

ساحل

ufuo

کریڈٹ کارڈ

kadi

ناشتہ

kifunguakinywa

لنچ

chakula cha mchana

ڈنر

chakula cha jioni

ٹکٹ

tiketi

لفٹ

kuinua

مُہر

muhuri

سرحد

mpaka

کسٹمز

mila

سفارت خانہ

ubalozi

ویزا

visa

پاسپورٹ

pasipoti

نقل وحمل

usafiri

ہوائی جہاز
ndege
سمندری جہاز
meli
آگ بُجھانےوالی گاڑی
injini ya moto
بس
basi
ٹرک
lori
موٹربوٹ
motaboti
سائیکل
baiskeli
کار
gari

فیری

feri

کشتی

mashua

موٹرسائیکل

pikipiki

پولیس کار

gari la polisi

ریسنگ کار

gari la mashindano

کرایہ پرکار

gari la kukodisha

كارکا اشتراک کرنا

kushiriki gari

کھینچنے والا ٹرک

lori la kuvuta

کوڑے والا ٹرک

ukusanyaji taka

کار

motor

ایندھن

mafuta

پٹرول اسٹیشن

kituo cha mafuta

ٹریفک کے نشانات

ishara trafiki

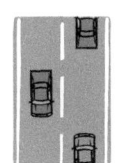

ٹریفک

trafiki

ٹریفک جام

msongamano

کار پارک

maegesho

ٹرین اسٹیشن

kituo cha treni

پٹڑیاں

reli

ٹرین

garimoshi

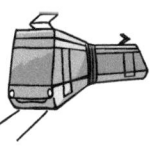

ٹرام

tremu

ویگن

gari la mizigo

ہیلی کاپٹر
....
helikopta

ائرپورٹ
....
uwanja wa ndege

ٹاور
....
mnara

مسافر
....
abiria

کنٹینر
....
chombo

ڈبہ
....
katoni

ریڑھا
....
mkokoteni

ٹوکری
....
kikapu

اُڑان بھرنا / زمین پراُترنا
....
ondoka

شہر

jiji

گاؤں
....
kijiji

سٹی سنٹر
....
katikati ya jiji

مکان
....
nyumba

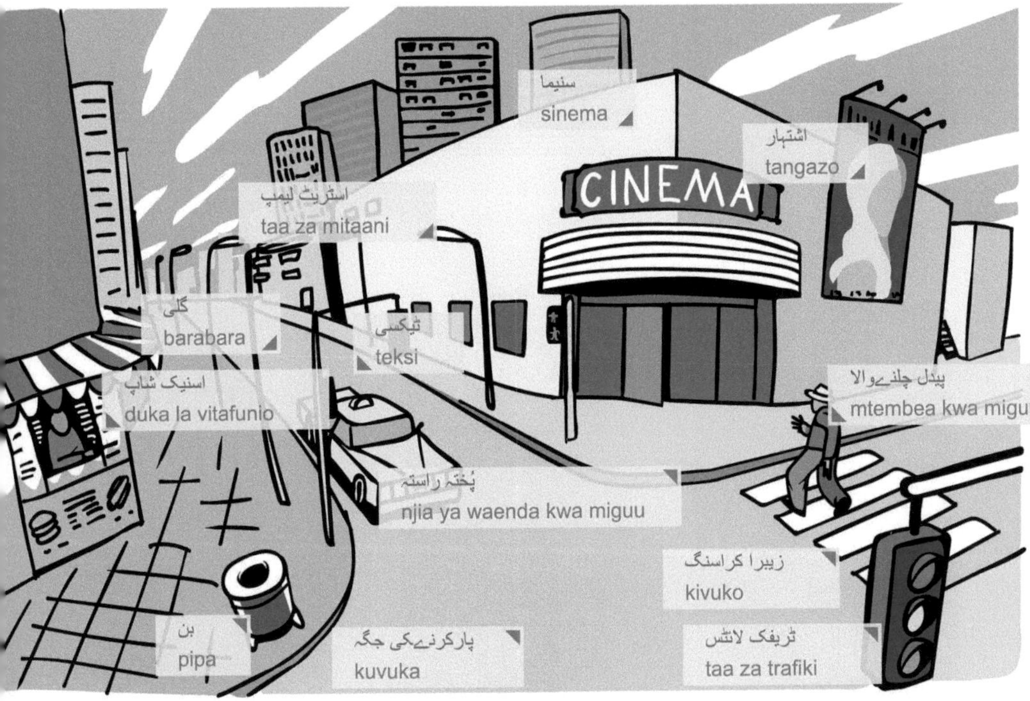

سنیما
sinema
اشتہار
tangazo
CINEMA
اسٹریٹ لیمپ
taa za mitaani
گلی
barabara
ٹیکسی
teksi
اسنیک شاپ
duka la vitafunio
پیدل چلنے والا
mtembea kwa migu
پُختہ راستہ
njia ya waenda kwa miguu
زیبرا کراسنگ
kivuko
بن
pipa
پارکرنےکی جگہ
kuvuka
ٹریفک لائٹس
taa za trafiki

ہٹ

kibanda

فلیٹ

gorofa

ٹرین اسٹیشن

kituo cha treni

ٹاؤن ہال

ukumbi wa mji

عجائب گھر

Makavazi

اسکول

shule

یونیورسٹی

chuo kikuu

بینک

benki

ہسپتال

hospitali

ہوٹل

hoteli

فارمیسی

duka la dawa

دفتر

ofisi

کتابوں کی دکان

duka la kitabu

دکان

duka

پھولوں کی دُکان

duka la maua

سُپر مارکیٹ

dukakuu

مارکیٹ

soko

ڈیپارٹمنٹ سٹور

idara ya kuhifadhi

مچھلی کی دُکان

mwuza samaki

شاپنگ سنٹر

kituo cha ununuzi

بندرگاہ

bandari

پارک
....
Hifadhi

بنچ
....
benki

پُل
....
daraja

سیڑھیاں
....
vidato

انڈرگراؤنڈ
....
chini ya ardhi

سرُنگ
....
handaki

بس اسٹاپ
....
kituo cha mabasi

شراب خانہ
....
bar

ریسٹورنٹ
....
mgahawa

پوسٹ باکس
....
sanduku la posta

اسٹریٹ سائن
....
ishara ya barabara

پارکنگ میٹر
....
mita ya maegesho

چڑیا گھر
....
bustani ya wanyama

سوئمنگ پول
....
kidimbwi cha kuogelea

مسجد
....
msikiti

کھیت

shamba

آلودگی

uchafuzi

قبرستان

makaburini

چرچ

kanisa

کھیل کا میدان

uwanja wa michezo

مندر

hekalu

منظر

mazingira

پتہ
jani
رہنمائی کےلئےلگا ہوا بورڈ
ishara ya mwelekeo
راستہ
njia
سبزہ زار
malisho
پتھر
jiwe
پیدل چلنےوالا، ہائکر
mtembeaji wa masafa
درخت
mti
دریا
mto
گھاس
nyasi
پھول
ua

وادی

bonde

پہاڑی

kilima

جھیل

ziwa

جنگل

msitu

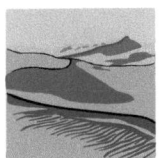

صحرا

jangwa

آتش فشاں

volkano

قلعہ

ngome

قوس قزح

upinde wa mvua

کھمبی

uyoga

کجھور کا درخت

mtende

مچھر

mbu

مکھی

kuruka

چیونٹی

chungu

مکھی

nyuki

مکڑا

buibui

بھونرا

mende

مینڈک

chura

گلہری

kuchakuro

خارپُشت

nungunungu

خرگوش

sungura

اُلو

bundi

پرندہ

ndege

راج ہنس

swan

سؤر

nguruwe mwitu

ہرن

kulungu

امریکی بارہ سنگھا

aina ya kongoni

ڈیم

bwawa

ہوا سےچلنےوالی ٹربائین

tabo ya upepo

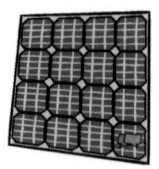

سولرپینل

nishaji ya jua

آب وہوا

hali ya hewa

ریسٹورنٹ

mgahawa

ویٹر
mhudumu
مینیو
menyu
kiti
سوپ
supu
پیزا
piza
vilia
ٹیبل کلاتھ
kitambaa cha mezani

اسٹارٹر
....
kiamsha hamu

مین کورس
....
kozi kuu

ڈیزرٹ
....
kitindamlo

مشروبات
....
vinywaji

کھانے کی اشیاء
....
chakula

بوتل
....
chupa

فاسٹ فوڈ

chakula cha haraka

اسٹریٹ فوڈ

Streetfood

چائےدانی

buli

شوگرباکس

kisanduku cha sukari

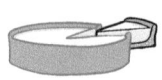

حصہ

sehemu

ایسپریسو مشین

mashine ya espresso

اونچی کُرسی

kiti kirefu

بل

muswada

ٹرے

trei

چھُری

kisu

کانٹا

uma

چمچ

kijiko

چائےکا چمچ

kijiko cha chai

سرویئیٹی

nepi

شیشہ

glasi

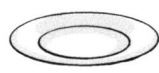

پلیٹ
....
sahani

سوپ پلیٹ
....
sahani ya supu

طشتری
....
sufuria

چٹنی
....
mchuzi

سالٹ شیکر
....
kichanyaji chumvi

پیپر مل
....
kinu cha pilipili

سرکہ
....
siki

خوردنی تیل
....
mafuta

مصالحے
....
viungo

کیچپ
....
kechapu

سرسوں
....
haradali

میئونیز
....
kachumbari nzito

سُپرمارکیٹ

dukakuu

خصوصی پیشکش
ofa maalum
FOR
گاہک
mteja
ڈیری
maziwa
پھل
matunda
ٹرالی
toroli

گوشت کی دُکان

mchinjaji

بیکری

mwokaji

وزن کرنا

uzito

سبزیاں

mboga

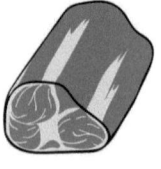

گوشت

nyama

جما ہوا کھانا

chakula waliohifadhiwa

کولڈ کٹس

vipande vya nyama baridi

ڈبےمیں بند کھانا

chakula cha kopo

واشنگ پاؤڈر

sabuni ya unga

مٹھائیاں

pipi

گھریلو مصنوعات

bidhaa za kaya

صاف کرنےکیلئےمصنوعات

bidhaa za kusafisha

سیلزپرسن

mtu mauzo

کیش رجسٹر

mpaka

کیشئیر

keshia

خریداری کی فہرست

orodha ya manunuzi

اوقات کار

masaa ya ufunguzi

بٹوہ

mkoba

کریڈٹ کارڈ

kadi

تھیلا

mfuko

پلاسٹک کےتھیلے

mfuko wa plastiki

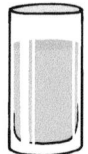

مشروبات
vinywaji

پانی

maji

جوس، رس

sharubati

دودھ

maziwa

کوک

coke

وائن

mvinyo

بیئر

bia

الکوحل

pombe

کوکوآ

kakao

چائے

chai

کافی

kahawa

ایسپریسو

spreso

کیپاچینو

kapuchino

کیلا

....

ndizi

سیب

....

tufaha

مالٹا

....

machungwa

خربوزہ

....

tikiti

لیموں

....

lemon

گاجر

....

karoti

لہسن

....

kitunguu saumu

بانس

....

mianzi

پیاز

....

kitunguu

کھُمبی

....

uyoga

اخروٹ، بادام وغیرہ

....

karanga

نوڈلز

....

nudo

اسپیگیٹی

spageti

چاول

mpunga

سلاد

saladi

چپس

vibanzi

تلے گئے آلو

viazi vya kukaanga

پیزا

piza

ہیم برگر

hambaga

سینڈوچ

sandwichi

کٹلیٹ

kipande

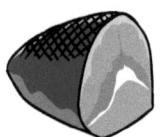

سؤرکی ران کا گوشت

paja la mnyama

گوشت کی اطالوی ساسیج

salami

ساسیج

soseji

مُرغی

kuku

روسٹ

choma

مچھلی

samaki

جئی کا دلیہ

oats ya uji

میوزلی

muesli

کارن فلیکس

cornflakes

آٹا

unga

کروئیسنٹ

kroisanti

بریڈ رول

andazi

بریڈ

mkate

ٹوسٹ

mkate wa kubanika

بسکٹ

biskuti

مکھن

siagi

دہی

maziwa mgando

کیک

keki

انڈا

yai

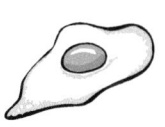

فرائی کیا گیا انڈہ

yai kukaanga

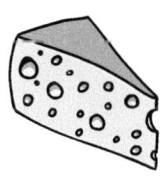

پنیر

jibini

آئس کریم

aiskrimu

چینی

sukari

شہد

asali

جام

jemu

ناؤگٹ کریم

kuenea kwa chokoleti

سالن

mchuzi wa viungo

کھیت
shamba

فارم ہاؤس
nyumba ya kilimo
کھلیان
ghalani
تنکوں کی گانٹھ
majani bale
uwanja
گھوڑا
farasi
ٹریلر
trela
ٹریکٹر
trekta
گھوڑے کا بچہ
mtoto
گدھا
punda
بھیڑ
kondoo
میمنہ
mwanakondoo

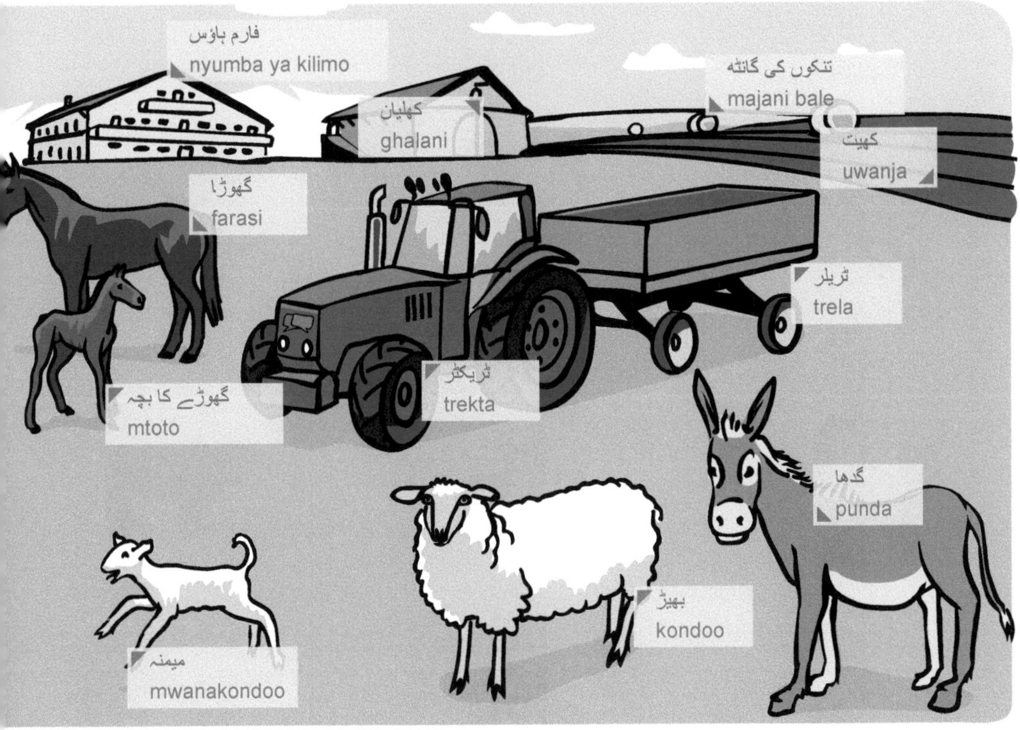

بکری
mbuzi

گائے
ng'ombe

بچھڑا
ndama

سؤر
nguruwe

سؤر کا بچہ
mwananguruwe

سانڈ
fahali

راج ہنس

batabukini

بطخ

bata

چوزہ

kifaranga

مُرغی

kuku

مُرغا

jogoo

چوہا

panya

بلی

paka

چوہا

panya

بیلچہ

ng'ombe

کُتا

mbwa

کُتے کا گھر

nyumba ya mbwa

گارڈن ہاؤس

bomba la bustani

پانی کا کین

debe la kumwagilia maji

درانتی

fyekeo

ہل

kulima

درانتی

....

mundu

بیلچہ

....

jembe

ترنگل

....

uma wa nyasi

کلہاڑا

....

shoka

ہتہ گاڑی

....

toroli

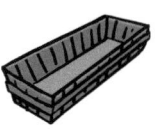

حوض

....

kupitia nyimbo

دودھ کا کین

....

chombo cha maziwa

تھیلا

....

gunia

باڑ

....

ua

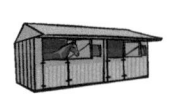

اصطبل

....

imara

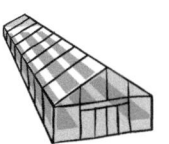

گرین ہاؤس

....

chafu

مٹی

....

udongo

بیج

....

mbegu

فرٹیلائیزر

....

mbolea

کمبائن ہارویسٹر

....

kivunaji

فصل کاٹنا
....
mavuno

فصل کاٹنا
....
mavuno

افریقی آلو
....
viazi vikuu

گندم
....
ngano

سویا
....
soya

آلو
....
viazi

مکئی
....
mahindi

توریا کا تیل
....
rapa

پھلداردرخت
....
mti wa matunda

کساوا
....
muhogo

دلیہ
....
nafaka

کھیت - shamba

nyumba

چمنی
chimni
چھت
paa
نیچے جانے والا پائپ
bomba la maji ya mvua
کھڑکی
dirisha
گیراج
gareji
دروازے کی گھنٹی
kengele ya mlangoni
دروازہ
mlango
کوڑے کی ٹوکری
pipa la taka
لیٹرباکس
sanduku la barua
گارڈن
bustani

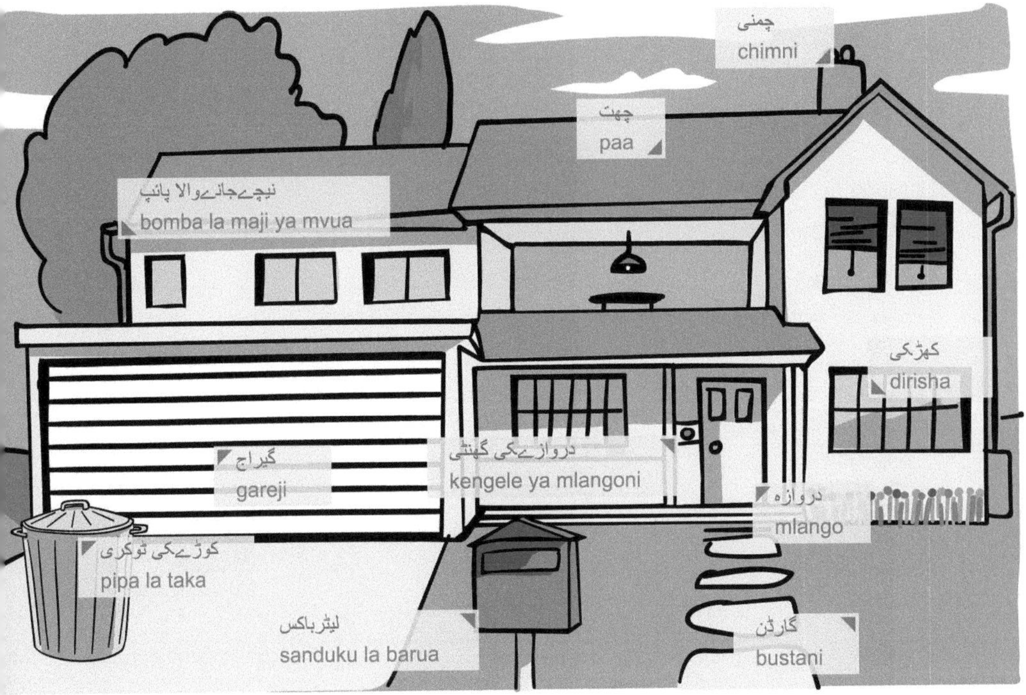

لوونگ روم

sebuleni

غُسل خانہ

bafu

باورچی خانہ

jikoni

بیڈروم

chumba cha kulala

بچوں کا کمرہ

chumba ya mtoto

کھانے کا کمرہ

chumba cha kulia

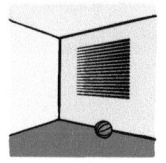

فرش

sakafu

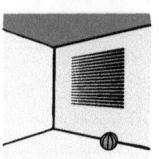

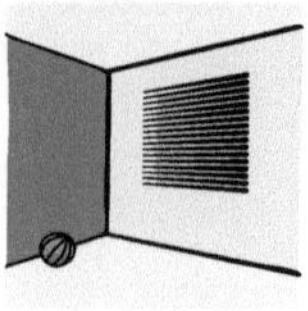

دیوار

ukuta

چھت

dari

تہ خانہ

pishi

سوانا

sauna

بالکونی

roshani

ٹیریس

mtaro

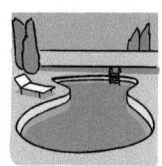

پول

kidimbwi

گھاس کاٹنے کی مشین

mashine ya kukata nyasi

چادر

karatasi

چادر

kitambaa cha kupamba kitanda

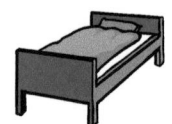

بستر

kitanda

جھاڑو

ufagio

بالٹی

ndoo

سوئچ

kubadili

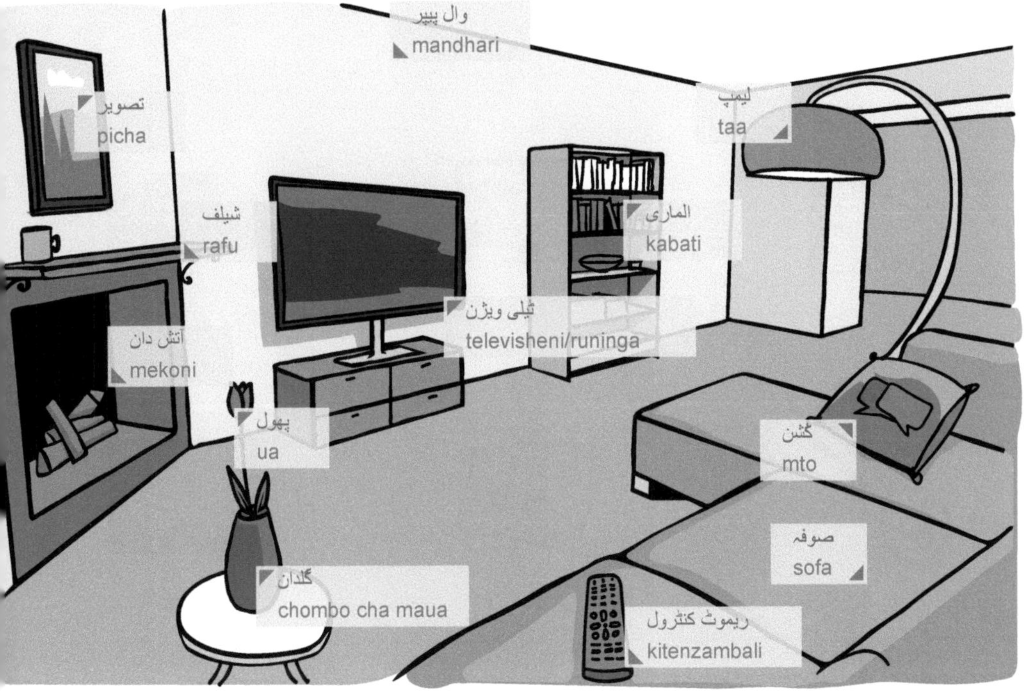

وال پیپر
mandhari
تصویر
picha
لیمپ
taa
شیلف
rafu
الماری
kabati
ٹیلی ویژن
televisheni/runinga
آتش دان
mekoni
پھول
ua
کشن
mto
صوفہ
sofa
گلدان
chombo cha maua
ریموٹ کنٹرول
kitenzambali

قالین

zulia

پردے

pazia

میز

meza

کرسی

kiti

ہلنےوالی کرسی

kiti cha bembea

آرام کرسی

armchair

کتاب

kitabu

کمبل

blanketi

آرائش

mapambo

جلانے کی لکڑی

kuni

فلم

filamu

ہائی فائی

kifaa cha hi-fi

چابی

ufunguo

اخبار

gazeti

پینٹنگ

uchoraji

پوسٹر

bango

ریڈیو

redio

نوٹ بُک

daftari

ویکیوم کلینر

kifyonza

کیکٹس

dungusi kakati

موم بتی

mshumaa

باورچی خانہ

jikoni

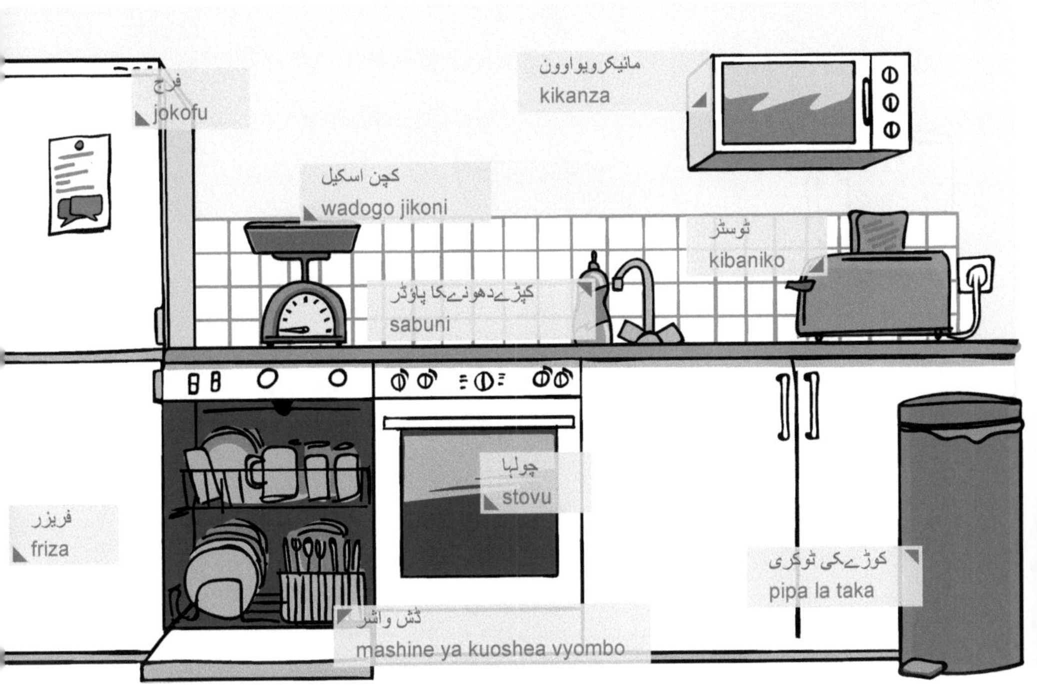

مائیکرویواوون
kikanza

فرج
jokofu

کچن اسکیل
wadogo jikoni

ٹوسٹر
kibaniko

کپڑے دھونے کا پاؤڈر
sabuni

فریزر
friza

چولہا
stovu

کوڑے کی ٹوکری
pipa la taka

ڈش واشر
mashine ya kuoshea vyombo

کُکر	برتن	لوہے کا برتن
jiko la kupika	chungu	sufuria ya chuma

کڑاہی	برتن	کیتلی
wok / kadai	kaango	birika

استیمر

stima

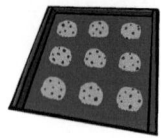

بیکنگ ٹرے

sinia ya kuoka

کراکری

vyombo vya udongo

مگ

kombe

پیالہ

bakuli

چاپ اسٹکس

vijiti vya kulia

ڈوئی

ukawa

کفچہ

mwiko mpana

جھاڑودینا

burashi

مقطر

kichujio

چھلنی

chujio

گریٹر

mbuzi

کونڈی

chokaa

باربی کیو

barbeque

کھُلی آگ

moto wazi

چاپنگ بورڈ

ubao wa majaribio

بیلن

kijiti cha kusukuma unga

کارک اسکریو

kizibuo

کین

kopo

کین اوپنر

inaweza kopo

برتن پکڑنے والا کپڑا

kishikio cha chungu

سنک

karo

برش

brashi

اسپونج

sifongo

بلینڈر

kisagaji matunda

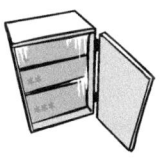

ڈیپ فریز

friji ya kina

بچے کی بوتل

chupa ya mtoto

ٹونٹی

bomba

غُسل خانہ

bafu

بیٹنگ
joto
شاور
mfereji wa kuogea
تولیہ
taulo
شاورکرٹن
pazia la kuogea
ببل باتھ
maji ya kuoga yenye povu
باتھ ٹب
hodhi
واشنگ مشین
mashine ya kuosha
ٹائلیں
vigae
پاٹی
poti
ٹونٹی
bomba
شیشہ
glasi
سنک
karo

ٹائلٹ

choo

دوزانوں بیٹھنےوالی ٹائلٹ

choo cha squat

نچلاحصہ دھونےکیلئےپاٹ

beseni la mviringo

پیشاب گاہ

choo cha umma

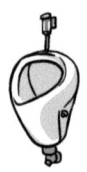

ٹائلٹ پیپر

shashi

ٹائلٹ برش

brashi ya choo

ٹوتھ برش

mswaki

ٹوتھ پیسٹ

dawa ya meno

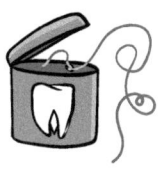

ڈینٹل فلاس

dawa ya meno

دھونا

safisha

ہینڈ شاور

kuoga mkono

شاور

msukumo wa maji

بیسن

bonde

بیک برش

mpako wa pili

صابن

sabuni

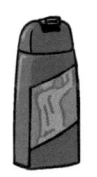

شاورجل

jeli ya kuogea

شیمپو

shampuu

فلالین

flana

ڈرین,

toa maji

کریم

krimu

ڈیوڈورنٹ

kiondoa harufu

آئینہ
....
kioo

ہاتھ میں پکڑا جانے والا آئینہ
....
kioo mkono

ریزر
....
kinyozi

شیونگ فوم
....
povu la kunyoa

آفٹر شیو
....
baada ya kunyoa

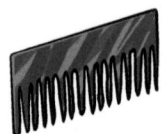

کنگھی
....
kichana

برش
....
brashi

ہیئر ڈرائر
....
kikausha nywele

ہیئر اسپرے
....
marashi ya nyewele

میک اپ
....
vipodozi

لپ اسٹک
....
kidomwa

نیل وارنش
....
varnish ya msumari

روئی
....
pamba

ناخن کاٹنے کی قینچی
....
mkasi wa kucha

پرفیوم
....
manukato

واش بیگ

mkoba wa kuosha

پاخانہ

kinyesi

وزن کرنے کی مشین

mizani

باتھ روب

nguo ya kuoga

ربڑ کے دستانے

glavu za mpira

ٹیمپون

kisodo

سینیٹری ٹاول

sodo

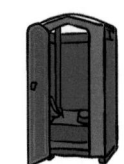

کیمیکل ٹائلٹ

kemikali choo

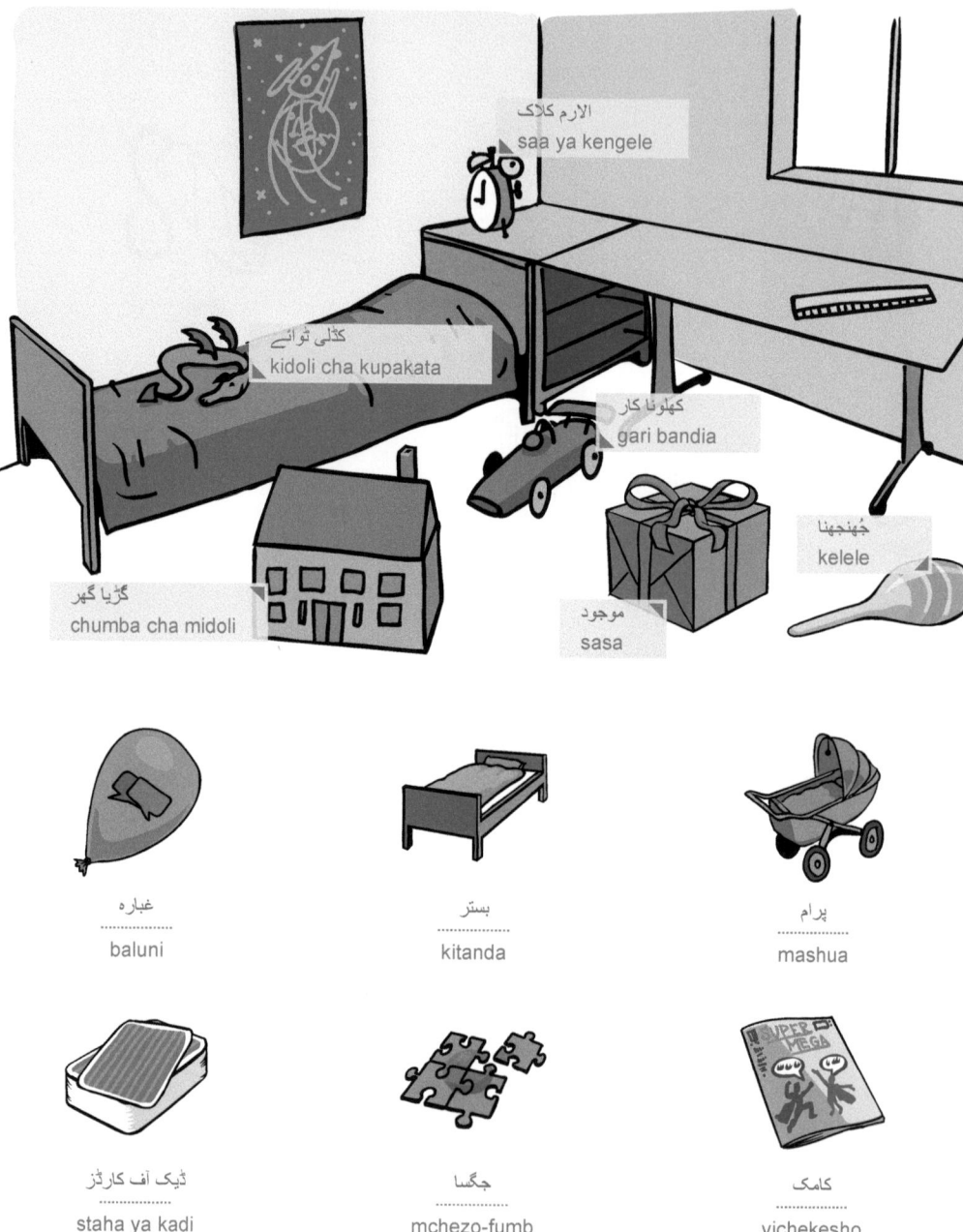

بچوں کا کمرہ

chumba ya mtoto

saa ya kengele
کڈلی ٹوائے
kidoli cha kupakata
کھلونا کار
gari bandia
جُھنجھنا
kelele
گڑیا گھر
chumba cha midoli
موجود
sasa

غبارہ

baluni

بستر

kitanda

پرام

mashua

ڈیک آف کارڈز

staha ya kadi

جگسا

mchezo-fumb

کامک

vichekesho

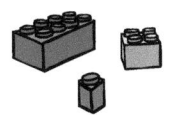

لیگوبرکس
....
matofali lego

کھلونا بلاکس
....
vitalu mwigo

ایکشن فگر
....
hatua takwimu

بچےکا لباس
....
suti ya kulalia

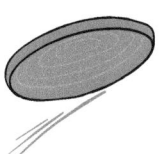

فرسبی
....
kisahani

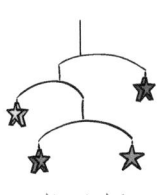

کھلونا موبائل
....
simu

بورڈ گیم
....
ubao wa michezo

ڈائس
....
kete

ماڈل ٹرین سیٹ
....
garimoshi mwigo

ڈمی
....
dummy

پارٹی
....
chama

تصاویروالی کتاب
....
picha kitabu

گیند
....
mpira

گڑیا
....
kikaragosi

کھیلنا
....
kucheza

سینڈ پٹ

shimo la mchanga

جھولا جھولنا

bembea

کھلونے

vitu bandia

وڈیوگیم کنسول

kiweko cha video ya mchezo

تین پہیوں والی سائیکل

baiskeli ya magurudumu

ٹیڈی بیئر

mwanasesere

matatu

کپڑوں کی الماری

kabati

لباس

nguo

موزے

soksi

اسٹاکنگز

stokingi

ٹائٹس

kibano

اسکارف
skafu

چھتری
mwavuli

ٹی شرٹ
fulana

بیلٹ
ukanda

بوٹ
viatu

سلیپر
ndara

اسنیکرز
wakufunzi

سینڈل
malapa

جوتے
viatu

ربڑ کے بوٹس
mabuti ya mpira

زیرجامہ
suruali ya ndani

بریزئیر
sidiria

واسکٹ
fulana

جسم

mwili

پتلون

suruali

جينز

dangirizi

اسكرٹ

sketi

بلاؤز

blauzi

قميض

shati

پُل اوور

vuta

سويٹر

sweta

بليزر

bleza

جيكٹ

jaketi

كوٹ

koti

رين كوٹ

koti la mvua

كوئی خاص لباس

maleba

لباس

gauni

شادی كا لباس

mavazi ya harusi

سوٹ

suti

نائٹ گاؤن

vazi la usiku

پانجامہ

pajama

ساڑھی

sari

سرپرلیا جانےوالا اسکارف

skafu

پگڑی

kilemba

بُرقع

burka

کفتان

kaftan

عبایہ

abaya

تیراکی کا سوٹ

vazi la kuogelea

ٹرنک

vazi la kiume la kuogelea

نیکر

kaptura

ٹریک سوٹ

teitei

اپرن

aproni

دستانے

glavu

بٹن

kifungo

عینک

glasi

کنگن

bangili

ہار

mkufu

انگوٹھی

pete

کانوں کی بالیاں

herini

ٹوپی

kofia

کوٹ ہینگر

kiango cha koti

ہیٹ

kofia

ٹائی

tai

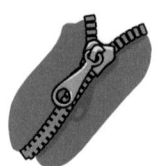

زپ

zipu

ہیلمٹ

kofia

بریسز

kanda za suruali

سکول یونیفارم

sare za shule

وردی

sare

بب

bibu

ڈمی

dummy

نیپی

nepi

دفتر

ofisi

سرور
seva
فائلوں کی الماری
kabati la kuweka faili
پرنٹر
kichapishaji
کاغذ
karatasi
مانیٹر
kiwambo
ماؤس
kipanya
میز
dawati
فولڈر
folda
کی بورڈ
kibodi
ویسٹ پیپر
u cha kuweka karatasi chafu
کمپیوٹر
kompyuta
kiti

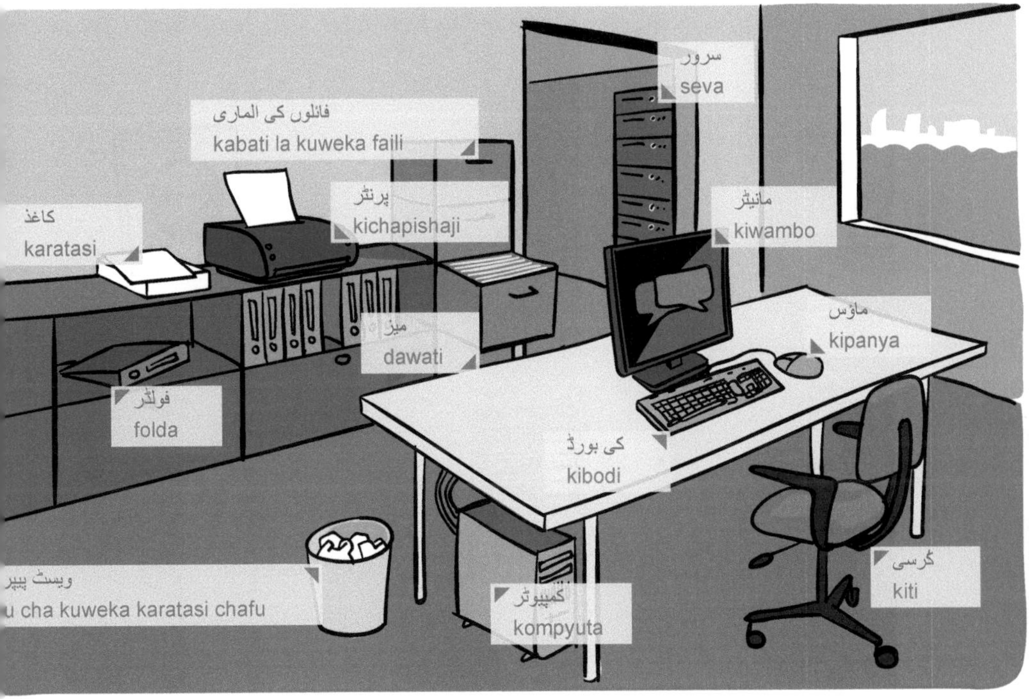

کافی مگ

kmobe la kahawa

کیلکولیٹر

kikokotoo

انٹرنیٹ

biashara

لیپ ٹاپ

mbali

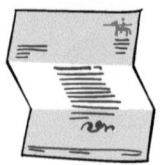

خط

barua

پیغام

ujumbe

موبائل

rununu

نیٹ ورک

intaneti

فوٹوکاپئیر

fotokopia

سافٹ ویئر

programu

ٹیلی فون

simu

پلگ ساکٹ

soketi

فیکس مشین

kipepesi

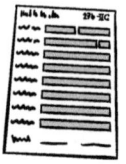

فارم

fomu

دستاویز

hati

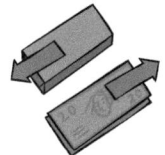

خریدنا
kununua

ادائیگی کرنا
kulipa

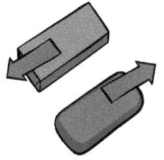

تجارت کرنا
biashara

رقم
fedha

ڈالر
dola

یورو
yuro

ین
yeni

روبل
rouble

سوئس فرانک
faranga ya Uswisi

رینمنیبی یوآن
renminbi yuan

INR

روپیہ
rupia

کیش پوائنٹ
eneo la kulipia

رقم تبدیل کرانے کیلئے دفتر

ofisi ya ubadilishanaji

سونا

dhahabu

چاندی

fedha

خام تیل

mafuta

توانائی

nishati

قیمت

bei

معاہدہ

mkataba

ٹیکس

kodi

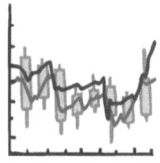

اسٹاک

bidhaa

کام کرنا

kazi

ملازم

mfanyakazi

آجر

mwajiri

فیکٹری

kiwanda

دکان

duka

پیشے
kazi

پولیس افسر
afisa wa polisi
فائرمین
mzimamoto
خانساماں، کُک
mpishi
ڈاکٹر
daktari
پائلٹ
rubani

مالی

mtunza bustani

ترکھان

seremala

درزن

mshonaji

جج

hakimu

کیمسٹ

mwanakemia

اداکار

muigizaji

بس ڈرائیور
....
dereva wa basi

ٹیکسی ڈرائیور
....
dereva wa teksi

مچھیرا
....
mvuvi

صفائی کرنےوالی عورت
....
mwanamke wa kusafisha

چھت بنانےوالا
....
mwezekaji

ویٹر
....
mhudumu

شکاری
....
mwindaji

پینٹر
....
mchoraji

بیکر
....
mwokaji

الیکٹریشین
....
umeme

بلڈر
....
mjenzi

انجینئیر
....
mhandisi

قصائی
....
mchinjaji

پلمبر
....
fundi bomba

ڈاکیا
....
mwanaposta

سپاہی

mwanajeshi

آرکیٹیکٹ

msanifu majengo

کیشئیر

keshia

پھول بیچنے والا

muuza maua

نائی

msusi

کنڈکٹر

kondakta

مکینک

mekanika

کپتان

nahodha

ڈینٹسٹ

daktari wa meno

سائنسدان

mwanasayansi

یہودی عالم

rabbi

امام

imamu

راہب

mtawa

پادری

kasisi

اوزار

zana

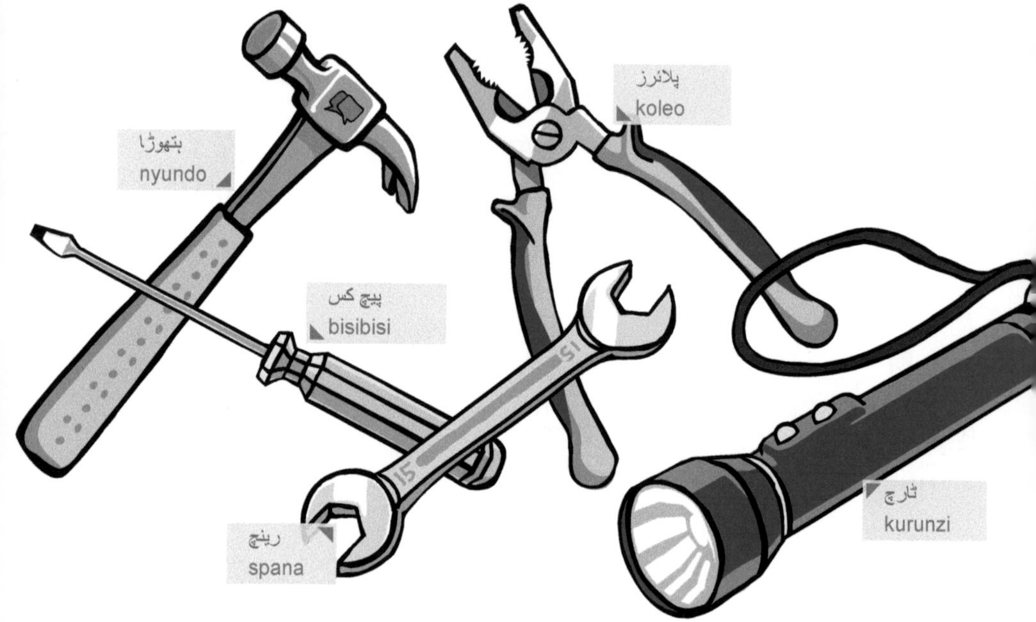

ہتھوڑا
nyundo
پلائرز
koleo
پیچ کس
bisibisi
رینچ
spana
ٹارچ
kurunzi

ایکسکویٹر
mchimbaji

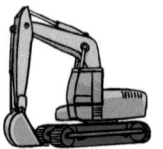

ٹول باکس
sanduku la vifaa

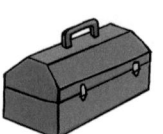

سیڑھی
ngazi

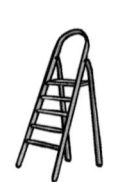

آری
msumeno

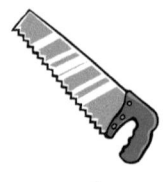

کیل
misumari

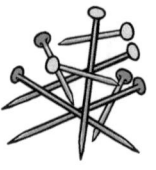

ڈرل
kuchimba visima

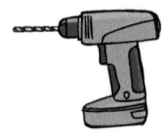

مرمت کرنا
....
kukarabati

بیلچہ
....
sepetu

لعنت ہو!
....
Lo!

ڈسٹ پین
....
kishikio cha uchafu

پینٹ پاٹ
....
chungu cha rangi

پیچ
....
skurubu

آلات موسیقی
ala za muziki

mpangilio wa ngoma — ڈرم سیٹ

spika — لاؤڈ اسپیکر

gita — گٹار

besi mara mbili — ڈبل باس

tarumbeta — بگل

پیانو

piano

وائلن

fidla

موسیقی کی آواز

ubeji

ٹمپانی

timpani

ڈھول، ڈرمز

ngoma

کی بورڈ

kibodi

سیکسوفون

saksafoni

بانسری

filimbi

مائیکروفون

maikrofoni

داخلے کا راستہ
lango la kuingia

چیتا
simbamarara

پنجرہ
ngome

زیبرا
pundamilia

جانوروں کا چارہ
chakula cha mifugo

پانڈا
panda

جانور
wanyama

ہاتھی
tembo

کینگرو
kangaruu

گینڈا
kifaru

گوریلا
sokwe

ریچھ
dubu

اونٹ
....
ngamia

شُترمُرغ
....
mbuni

شیر
....
simba

بندر
....
tumbili

فلیمنگو
....
heroe

طوطا
....
kasuku

قطبی ریچھ
....
dubu

کبوتر
....
penguini

شارک
....
papa

مور
....
tausi

سانپ
....
nyoka

مگرمچھ
....
mamba

چڑیا گھر کا محافظ
....
mtunza wanyama

سیل
....
muhuri

امریکی تیندوا
....
jaguar

60 چڑیا گھر - bustani ya wanyama

ٹٹو

mwanafarasi

چیتا

chui

دریائی گھوڑا

kiboko

زرافہ

twiga

عقاب

tai

سؤر

nguruwe mwitu

مچھلی

samaki

کچھوا

kobe

سمندری گھوڑا

sili

لومڑی

mbweha

غزال ہرن

paa

کھیلیں
michezo

امریکن فٹ بال
soka ya marekani
سائیکلنگ
uendeshaji baiskeli
ٹینس
tenisi
باسکٹ بال
mpira wa kikapu
پیراکی
kuogelea
باکسنگ
ndondi
آئس ہاکی
magongo ya barafuni

فٹ بال

soka

بیڈمنٹن

vinyoya

اتھلیٹکس

riadha

ہینڈ بال

mpira wa mikono

اسکیئنگ

skii

پولو

polo

بنسنا
cheka

گلے لگانا
kumbatia

چھلانگ ل
ruka

چلنا
kutembea

گانا
kuimba

خواب دیکھنا
ota ndoto

دُعا کرنا
kuomba

چُومنا
busu

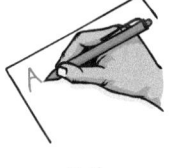

لکھنا
kuandika

تصویر کشی کرنا
kuteka

دکھانا
angalia

آگے کی طرف دھکیلنا
sukuma

دینا
kutoa

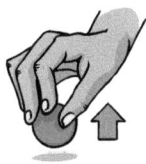

لینا
kuchukua

رکھنا

kuwa

کرنا

fanya

ہونا

kuwa

کھڑا ہونا

kusimama

دوڑنا

kukimbia

کھینچنا

vuta

پھینکنا

kutupa

گرنا

kuanguka

جھوٹ بولنا

hadaa

انتظارکرنا

kusubiri

اُٹھانا

kubeba

بیٹھنا

kukaa

ملبوس ہونا

vaa nguo

سونا

usingizi

جاگنا

kuamka

دیکھنا

kuangalia

رونا

lia

چوٹ لگانا

kiharusi

کنگھی کرنا

chana nywele

بات کرنا

ongea

سمجھنا

kuelewa

پوچھنا

kuuliza

مُتوجہ ہونا

kusikiliza

پینا

kunywa

کھانا

kula

صاف کرنا

nadhifisha

پیارکرنا

upendo

پکانا

mpishi

گاڑی چلانا

gari

اُڑنا

kuruka

بحری سفرکرنا
....
meli

شمار کریں
....
kokotoa

پڑھنا
....
kusoma

سیکھنا
....
kujifunza

کام کرنا
....
kazi

شادی کرنا
....
kuoa

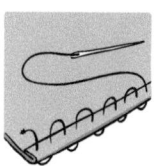

سینا
....
kushona

دانت صاف کرنا
....
piga mswaki

جان سے مار دینا
....
kuua

تمباکونوشی کرنا
....
moshi

بھیجنا
....
kutuma

خاندان

familia

دادی
bibi
دادا
babu
باپ
baba
mama
طفل
mtoto
بیٹی
binti
بیٹا
bin

مہمان

mgeni

چچی

shangazi

چچا

mjomba

بھائی

kaka

بہن

dada

جسم

mwili

ماتھا
paji la uso
آنکھ
jicho
کندھا
bega
انگلی
kidole
چہرہ
uso
ٹھوڑی
kidevu
ہاتھ
mkono
چھاتی
matiti
ٹانگ
mguu
بازو
mkono

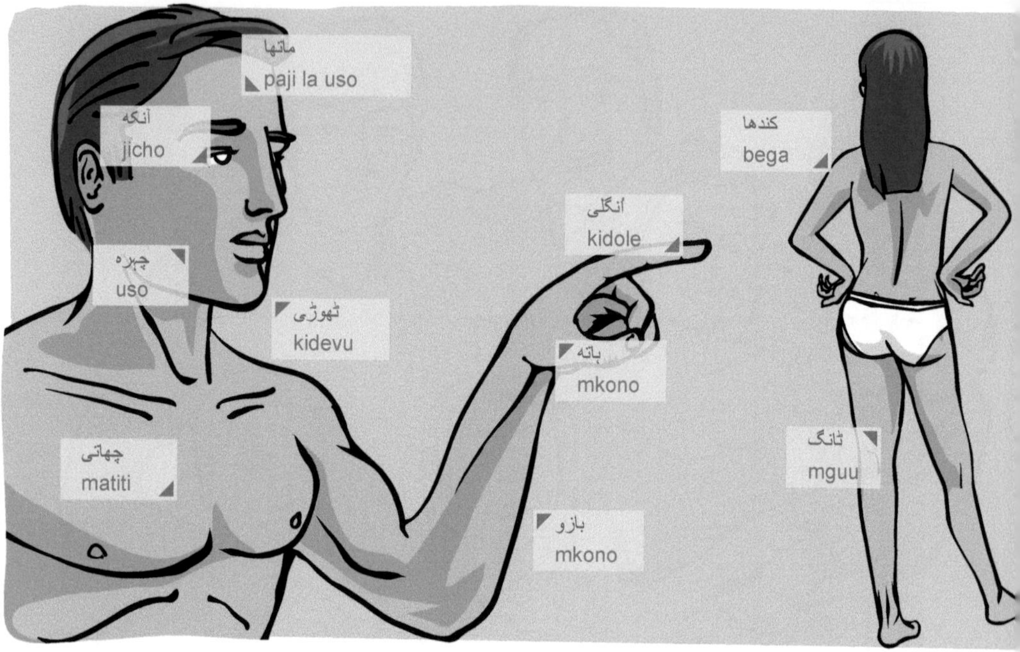

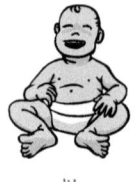

طفل

mtoto

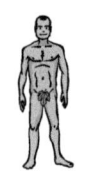

آدمی

mwanamume

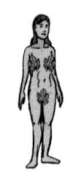

عورت

mwanamke

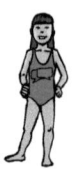

لڑکی

msichana

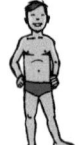

لڑکا

mvulana

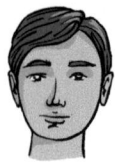

سر

kichwa

کمر

nyuma

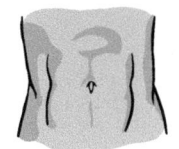

پیٹ

tumbo

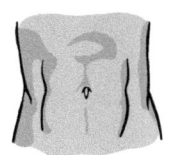

ناف

kitovu

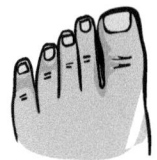

پاؤں کا انگوٹھا

chano

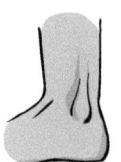

ایڑھی

kisigino

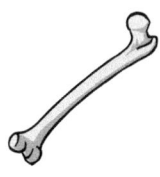

ہڈی

mfupa

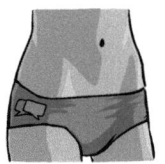

کولہا

nyonga

گھٹنا

goti

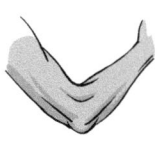

کہنی

kiwiko

ناک

pua

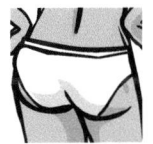

نچلا حصہ

chini

جلد

ngozi

گال

shavu

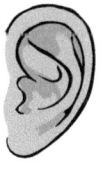

کار

sikio

ہونٹ

mdomo

مُنہ

kinywa

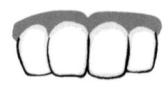

دانت

jino

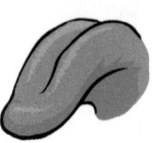

زُبان

ulimi

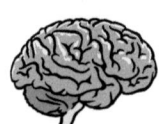

دماغ

ubongo

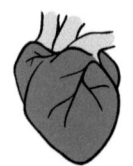

دل

moyo

پٹھہ

misuli

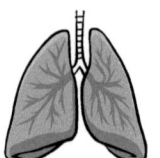

پھیپھڑا

pafu

جگر

ini

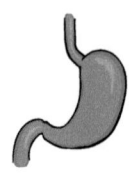

معدہ

tumbo

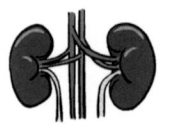

گردے

figo

جنس

jinsia

کنڈوم

kondomu

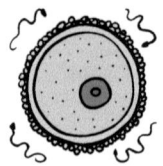

بیضہ

ovari

مادہ منویہ

shahawa

حمل

mimba

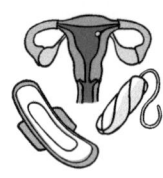

حیض

hedhi

اندام نہانی

uke

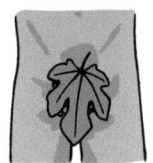

عضوتناسل

uume

بھنویں

unyusi

بال

nywele

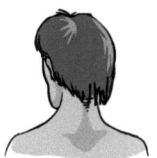

گردن

shingo

ہسپتال

hospitali

ایمبولینس
gari la wagonjwa
وہیل چیئر
kiti cha magurudumu
ہڈی ٹوٹنا
jeraha

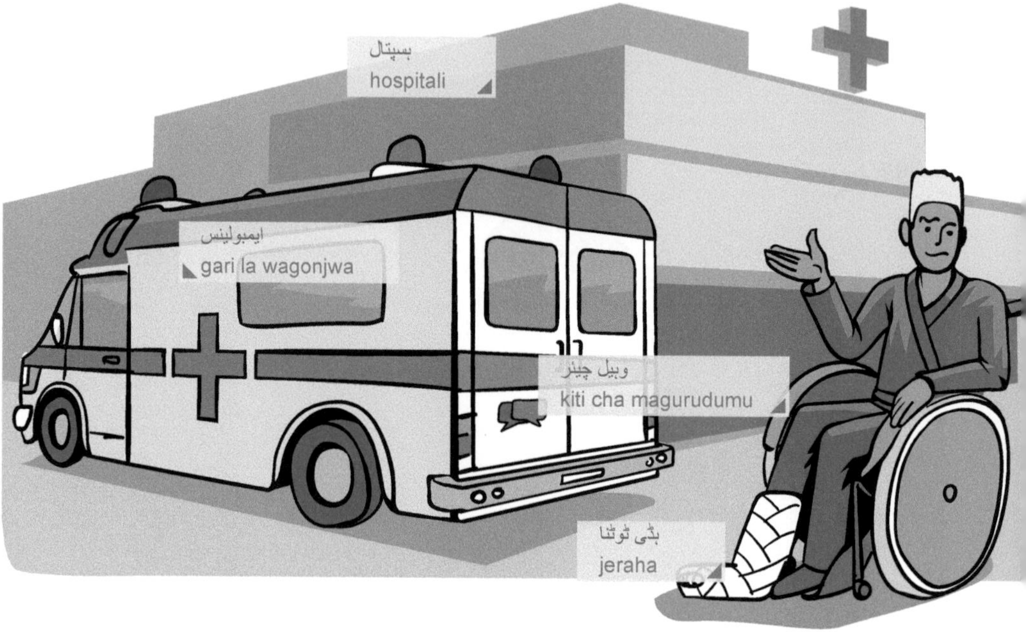

ڈاکٹر

daktari

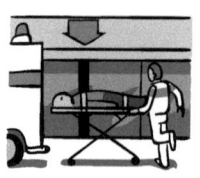

ہنگامی کمرہ

chumba cha dharura

نرس

muuguzi

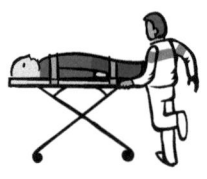

ہنگامی صورتحال

dharura

بےہوش

kupoteza fahamu

درد

maumivu

زخم

kuumia

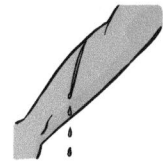

خون بہنا

kutokwa na damu

دل کا دوره

mshtuko wa moyo

فالج

kiharusi

الرجی

mzio

کھانسی

kikohozi

بخار

homa

زکام

mafua

اسہال

kuharisha

سردرد

maumivu ya kichwa

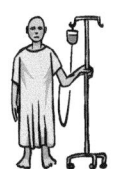

کینسر

kansa

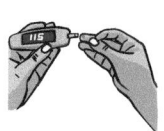

ذیابیطس

ugonjwa wa kisukari

سرجن

daktari mpasuaji

نشتر

kisu kidogo cha kupasulia

آپریشن

operesheni

سی ٹی

picha changanufu ya mwili

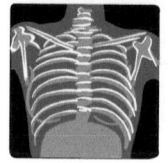

ایکس رے

Eksrei

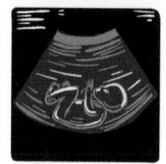

الٹراساؤنڈ

mawimbi sauti

چہرے کا نقاب

barakoa ya uso

بیماری

ugonjwa

انتظارگاہ

chumba cha kusubiri

بیساکھی

mkongojo

پلاسٹر

plasta

پٹی

bendeji

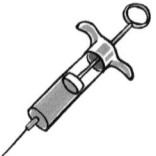

انجکشن

sindano

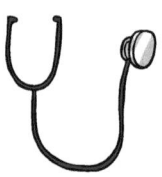

اسٹیتھواسکوپ

stetoskopu

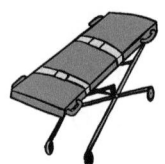

اسٹریچر

machela

مطبی تھرما میٹر

kipimajoto cha kliniki

پیدائش

kuzaliwa

حد سےزیادہ وزن

unene kupita kiasi

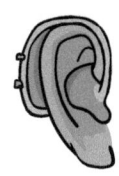

آلہ سماعت

kusikia misaada

جراثیم کش

kipukusi

انفیکشن

maambukizi

وائرس

virusi

ایچ آئی وی/ ایڈز

VVU / UKIMWI

دوا

dawa

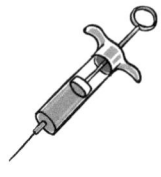

ویکسی نیشن

chanjo

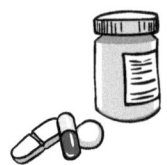

گولیاں

vidonge

گولی

kidonge

ہنگامی کال

simu ya dharura

بلڈ پریشرمانیٹر

haemodainamometa

بیمار/ صحتمند

mgonjwa / mwenye afya

مدد!

Msaada!

الارم

kengele

مُجرمانہ حملہ

pigo

حملہ

shambulizi

خطرہ

hatari

ہنگامی راستہ

lango la dharura

آگ!

Moto!

آگ بُجھانےوالہ آلہ

kizima moto

حادثہ

ajali

ابتدائی طبی امداد کی کٹ

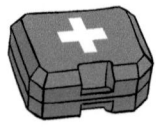

vifaa vya huduma ya kwanza

ایس او ایس

wito wa msaada

پولیس

polisi

یورپ
....
Ulaya

شمالی امریکہ
....
Amerika ya Kaskazini

جنوبی امریکہ
....
Amerika ya Kusini

افریقہ
....
Afrika

ایشیا
....
Asia

آسٹریلیا
....
Australia

بحراوقیانوس
....
Atlantiki

بحرالکاہل
....
Pasifiki

بحرہند
....
Bahari ya Hindi

بحرقُطب جنوبی
....
Bahari ya Antaktiki

بحرقُطب شمالی
....
Bahari ya Aktiki

قُطب شمالی
....
Ncha ya Kaskazini

قُطب جنوبى
....
Ncha ya Kusini

انٹارکٹیکا
....
Antaktika

زمین
....
dunia

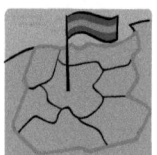

زمین
....
nchi

سمندر
....
bahari

جزیرہ
....
kisiwa

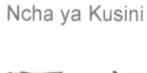

قوم
....
taifa

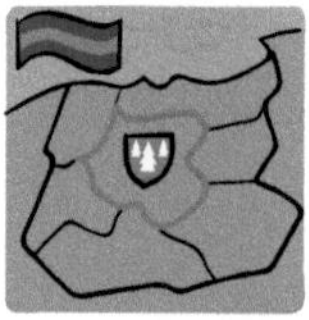

ریاست
....
jimbo

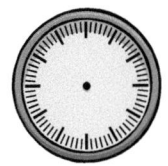

کلاک

saa

کلاک کا سامنے کا حصہ

....

uso wa saa

گھنٹوں والی سوئی

....

akrabu ya saa

منٹوں والی سوئی

....

akrabu ya dakika

سیکنڈ ہینڈ

....

akrabu ya sekunde

کیا وقت ہوا ہے؟

....

Ni saa ngapi?

دن

....

siku

وقت

....

wakati

اب

....

sasa

ڈیجیٹل گھڑی

....

saa ya dijitali

منٹ

....

dakika

گھنٹہ

....

saa

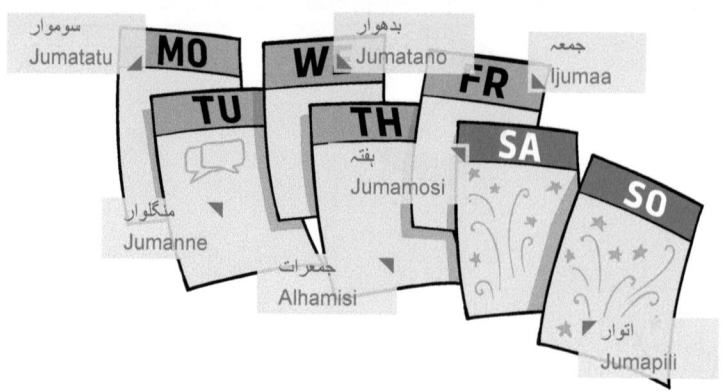

سوموار
Jumatatu

بدھوار
Jumatano

جمعہ
Ijumaa

منگلوار
Jumanne

ہفتہ
Jumamosi

جمعرات
Alhamisi

اتوار
Jumapili

گزرا کل
jana

آج
leo

کل
kesho

صبح
asubuhi

دوپہر
saa sita mchana

شام
jioni

کاروباری دن
siku za biashara

ہفتے کا اختتام
mwishoni mwa wiki

بارش
mvua
قوس قزح
upinde wa mvua
بوا
upepo
برف
theluji
بہار
majira ya machipuko
vuli
موسم گرما
kiangazi
موسم سرما
majira ya baridi

4.APRIL 11°
5.APRIL 4°
6.APRIL 13°
7.APRIL 8°
8.APRIL 10°

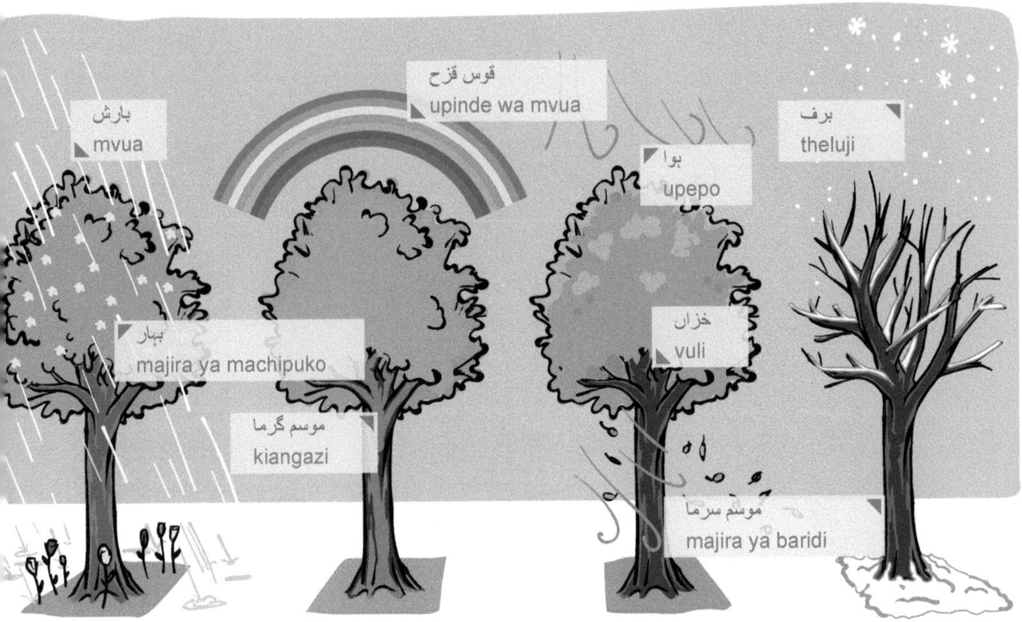

موسمی پیش گوئی
....
utabiri wa hali ya hewa

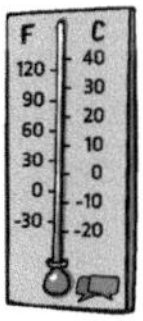

تھرما میٹر
....
kipimajoto

دھوپ
....
mwanga wa jua

بادل
....
wingu

دُھند
....
ukungu

حبس
....
unyevu

بجلی کوندھنا

umeme

بادلوں کی گرج

radi

طوفان

dhoruba

ژالہ باری

mvua ya mawe

مون سون

monsuni

سیلاب

mafuriko

برف

barafu

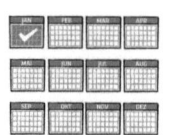

جنوری

Januari

فروری

Februari

مارچ

Machi

اپریل

Aprili

مئی

Mei

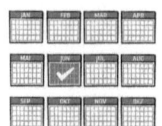

جون

Juni

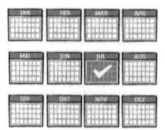

جولائی

Julai

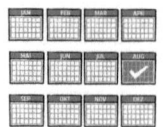

اگست

Agosti

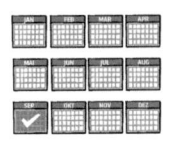

ستمبر

Septemba

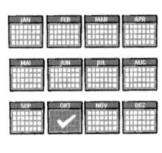

اکتوبر

Oktoba

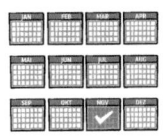

نومبر

Novemba

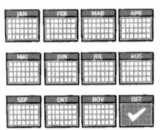

دسمبر

Desemba

اشکال

maumbo

دائره

mduara

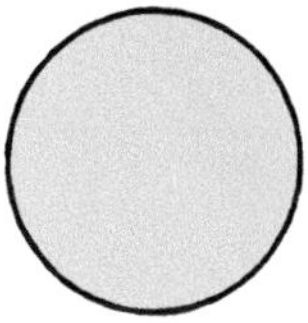

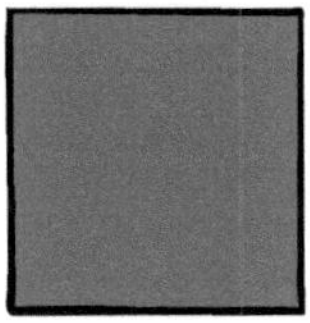

چوکور

mraba

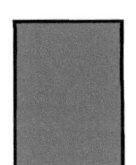

مُستطیل

mstatili

تکون

pembetatu

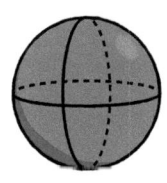

کُره

nyanja

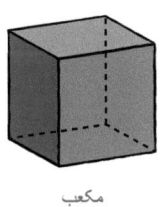

مکعب

mchemraba

رنگ

rangi

سفید
....
nyeupe

پیلا
....
manjano

نارنجی
....
chungwa

گلابی
....
rangi ya waridi

سُرخ
....
nyekundu

جامنی
....
hudhurungi

نیلا
....
bluu

سبز
....
kijani

بھورا
....
hanja

مٹیالا
....
jivujivu

سیاہ
....
nyeusi

مخالف
kinyume

بہت زیادہ / بہت کم

mengi / kidogo

ناراض / پُرسکون

hasira / pole

خوبصورت / بدصورت

nzuri / mbaya

آغاز / اختتام

mwanzo / mwisho

بڑا / چھوٹا

kubwa / ndogo

روشن / اندھیرا

angavu / giza

بھائی / بہن

kaka / dada

صاف / گندا

safi / chafu

مکمل / نامکمل

kamilika / tokamilika

دن / رات

siku / usiku

زندہ / مُردہ

wafu / hai

چوڑا / تنگ

pana / nyembamba

کھانےکےقابل ہونا / کھانےکےقابل نہ ہونا

kulika / kutolika

بُرا / اچھا

ovu / ema

پُرجوش / بوریت کا شکار

sisimkwa / udhika

موٹا / دُبلا

nene / nyembamba

پہلا / آخری

kwanza / mwisho

دوست / دُشمن

rafiki / adui

بھرا ہوا / خالی

jaa / tupu

سخت / نرم

ngumu / laini

بوجھل / ہلکا

nzito / nyepesi

بھوک / پیاس

njaa / kiu

بیمار / صحتمند

mgonjwa / mwenye afya

غیرقانونی / قانونی

haramu / kisheria

عقلمند / بیوقوف

akili / kijinga

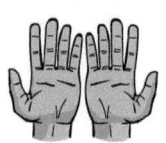

بائیں / دائیں

kushoto / kulia

نزدیک / دور

karibu / mbali

نیا / پُرانا

mpya / kutumika

کچھ نہیں / کچھ ہے

kitu / jambo

بوڑھا / نوجوان

zee / changa

آن / آف

waka / zima

کُھلا / بند

wazi / fungwa

خاموش / بُلند آواز

utulivu / kelele

امیر / غریب

tajiri / masikini

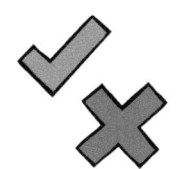

ٹھیک / غلط

sahihi / kosa

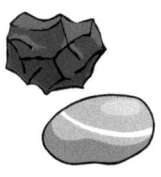

کھُردرا / ہموار

mbaya / laini

افسردہ / خوش

huzunika / furahia

مُختصر / طویل

fupi /ndefu

آہستہ / تیز

polepole / haraka

گیلا / خُشک

nyevu / kavu

گرم / ٹھنڈا

joto / baridi

جنگ / امن

vita / amani

اعداد

nambari

0 صفر sufuri	**1** ایک moja	**2** دو mbili
3 تین tatu	**4** چار nne	**5** پانچ tano
6 چه sita	**7** سات saba	**8** آٹه nane
9 نو tisa	**10** دس kumi	**11** گیاره kumi na moja

12

باره

kumi na mbili

13

تیره

kumi na tatu

14

چوده

kumi na nne

15

پندره

kumi na tano

16

سولہ

kumi na sita

17

ستره

kumi na saba

18

اٹھاره

kumi na nane

19

اُنیس

kumi na tisa

20

بیس

ishirini

100

سو

mia

1.000

ہزار

elfu

1.000.000

دس لاکه

milioni

زبانیں
lugha

انگریزی

Kiingereza

امریکی انگریزی

Kiingereza cha Marekani

چینی مینڈارین

Kimandarini cha Uchina

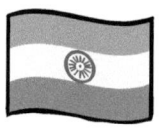

ہندی

Kihindi

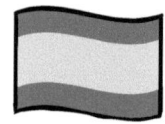

ہسپانوی

Kihispania

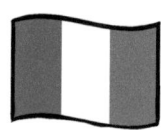

فرانسیسی

Kifaransa

عربی

Kiarabu

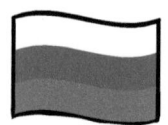

روسی

Kirusi

پُرتگالی

Kireno

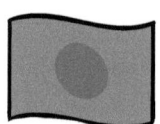

بنگالی

Kibengali

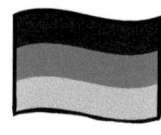

جرمن

Kijerumani

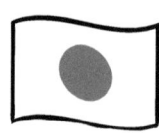

جاپانی

Kijapani

کون / کیا / کیسے
ambao / nini / jinsi

میں
....
mimi

تم
....
wewe

وہ (لڑکا) / وہ (لڑکی) / یہ
....
yeye / yeye / ni

ہم
....
sisi

تم
....
wewe

وہ
....
wao

کون؟
....
nani?

کیا؟
....
nini?

کیسے؟
....
jinsi gani?

کہاں؟
....
wapi?

کب؟
....
lini?

نام
....
jina

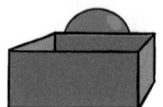

کہاں

wapi

پیچھے

nyuma

میں

katika

کے سامنے

mbele ya

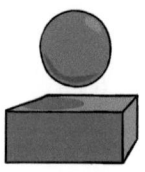

اوپر

juu ya

پر

kwenye

نیچے

chini ya

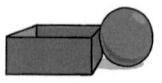

ساتھ

kando

درمیان

kati

جگہ

mahali